MON GUIDE DE L'ÉVOLUTION

Mon Guide de l'évolution

ALDIVAN TORRES

Canary Of Joy

CONTENTS

1- 1

Mon Guide de l'évolution
Aldivan Torres
Mon guide d'évolution

Auteur : Aldivan Torres
© 2020-Aldivan Torres
Tous droits réservés

Ce livre, y compris toutes les parties, est protégé par le droit d'auteur et ne peut être reproduit sans l'autorisation de l'auteur, revendu ou transféré.

Aldivan Torres, originaire du Brésil, est un écrivain consolidé dans plusieurs genres. À ce jour, il a des titres publiés dans des dizaines de langues. Dès son plus jeune âge, il a toujours été un amoureux de l'art de l'écriture après avoir consolidé une carrière professionnelle à partir du second semestre 2013. Il espère par ses écrits contribuer à la culture internationale, suscitant le plaisir de lire ceux qui n'ont pas encore l'habitude. Votre mission est de gagner le cœur de chacun de vos lecteurs. En plus de la littérature, ses principaux goûts sont la musique, les voyages, les amis, la famille et le plaisir de vivre. « Pour la littérature, l'égalité, la fraternité, la justice, la dignité et l'honneur de l'être humain toujours » est sa devise.

La maladie est à la fois

Le don de prédire l'avenir
La loyauté.
Le critique
La calomnie
Le conseil
La nuit sombre de l'âme
La consistance de Dieu
Position vers la vie
Comment être l'homme de l'Éternel.
Mettez-vous à l'autre.
La puissance de la prière.
Paix et abondance pour tous.
Tolérance
Le rôle de l'homme.
Le trésor de l'homme
Être plus humain
Douceur
Les bases familiales.
L'incitation
Gratitude
Le travail de servir le public.
Sois toi-même
Flirt, sortir et mariage.
Prendre soin de toi.
La dignité
La vie spirituelle
Le passé de l'homme
L'heure de Dieu.
Le vrai serviteur de l'Éternel.
Professionnels de la santé.
L'intrigue
La traînée
L'évolution

L'amitié.
Soufflant par amour
Une attitude de la vie
Les traces blessées.
Être un apprenant éternel
Publicité
La pornographie et la trivialisation du sexe.
La valeur d'un être humain.
Le rôle sublime du maître.
Grandement dans les petites choses
La fierté.
Luxure
Nos convictions
Avarice
Volonté
Vanité.
La paresse
Envie
Le jeu
Drogues
Poste à la maison
L'effet de serre et ses causes.
Trafic d'animaux et de plantes.
Mouvement sans terre, sans nourriture, sans sans-abri, etc.
Capitalisme
Chirurgies plastiques dues à la vanité
Avortement
Pédophilie
Sexe avec des animaux
Inceste
Prostitution
Adultériez
Orientations sexuelles

Recherche scientifique avec les humains et les animaux.

L'utilisation de cellules souches, l'utilisation d'inséminations artificielles et la fertilisation in vitro.

Santé publique actuelle

Enseignement public

Corruption

Sécurité

La grève

Vivez le présent

Le suicide

Dépression.

Trafic de drogues

Traite des personnes

Formule magique pour le succès

La mission

Reconnais-toi un pécheur

Les dimensions spirituelles.

Les handicapés

La valeur de la culture

N'ayez pas peur

Le père et la mère comme haches familiales.

Raisonnabilité et proportionnalité

Malgré l'égoïsme

En victoire et en échec

Sois la vraie lumière.

Conclusion

La maladie est à la fois

La maladie physique est perçue par beaucoup comme une punition ou une punition pour les péchés, mais elle ne doit pas être vue de cette manière. C'est un processus naturel indiquant que quelque chose n'est pas juste dans notre corps.

Comme tout autre problème, il doit être traité avec les méthodes de médecine et une fois guéri, continuez avec votre vie quotidienne comme normale.

En cas de maladie mortelle, il reste à prendre soin des derniers détails de notre départ pour le royaume éternel. Là, mon père accueillera les fidèles et les mettra au bon endroit. Oui, la mort est une certitude et prenons soin de ce monde dès que possible avant notre avenir spirituel en faisant de bonnes œuvres et charité.

« La maladie doit être considérée comme une période d'apprentissage intérieur et non comme une peine ».

Le don de prédire l'avenir

Être un voyant est un honneur et une responsabilité pour moi, mon père et le monde. Ce cadeau spécial intrigant permet de prémonitions et une certaine vision de mon avenir et de ceux que j'aime. C'est comme un avertissement de chemin et que je dois y suivre fermement. Ça rend les choses beaucoup plus faciles.

Toutefois, il n'est pas nécessaire d'être un clairvoyant de savoir exactement ce que je dois faire et quels résultats seront obtenus. Tout ce qui se passe dans cette vie suit la règle des récoltes végétales, c'est-à-dire si vous plantez du blé, vous récoltez du blé et si vous plantez de l'ivraie, vous récolterez de l'ivraie

Découvrir le futur petit à petit et l'amour de Dieu pour nous est inestimable. Avec toutes les surprises en chemin, c'est comme un baume pour l'âme En fin de compte, il y a encore une certaine certitude que nous sommes ce que nous avons construit et que tout est écrit parce que Dieu dans sa gentillesse commande tout. Bonne chance pour vos projets, frères.

La loyauté.

C'est une vertu essentielle pour le succès dans tous les domaines et le bonheur lui-même. Nous avons besoin d'hommes fidèles pour notre royaume, qui ont une foi convaincue et qui sont prêts à combattre pour ce qu'ils croient. Au contraire, les infidèles et les fous souffriront pour leurs déviations et leurs erreurs incessantes.

La loyauté est un bijou rare de nos jours et quiconque a quelqu'un comme ça à son côté est le même que gagner une grande fortune, une richesse qui ne peut pas être achetée ou payée. Avec la loyauté, ils rendent l'homme plus parfait et digne de l'action de l'Éternel et de ses forces de bien respectives. Béni sois les fidèles, leur valeur est incalculable.

Le critique

Il existe deux catégories de critiques : critiques constructives et critiques destructrices. Le premier, analyse ses faiblesses et propose des solutions pour remédier aux échecs. Ce dernier a l'intention de le juger de l'affaiblir.

Essayez de ne pas critiquer et si vous voulez le faire, faites-le pour aider votre compagnon et ne pas lui faire de mal. Respectez l'autre et son travail parce que personne n'a la vérité dans ce monde.

La calomnie

Vivez votre vie d'une manière qui ne se soucie pas de l'opinion de l'autre, travaillez et vivez vos moments de loisirs comme si elle était seule. Si quelqu'un est intrigue et mensonge sur vous arrivent à vos oreilles, pardonnez et priez Dieu pour eux.

Ne vous inclinez pas la tête à cause d'autres et ne renoncez pas. Rappelez-vous que vous êtes un enfant de Dieu, qui comme tout le monde mérite le bonheur et le succès. Ne soyez pas bougé ! Suivez et faites rapport à Dieu sur vos actions.

Le conseil

Nous tous, à un moment donné de la vie, nous sommes doutés de notre chemin. Dans ces moments, cherchez quelqu'un d'expérience et fiable pour l'évacuer et l'écouter. Souvent, une bonne conversation clarifie de nombreux faits et nous donne un indice où aller.

Toutefois, rappelez-vous que la décision finale est entre vos mains et envisagez toutes les possibilités. Quand vous décidez, faites-le rapidement avant de le regretter. Seul l'avenir indiquera si le choix était juste ou faux. Quelle que soit l'option, ce qui reste est l'apprentissage qui prend toute une vie.

La nuit sombre de l'âme

La nuit sombre est une période où l'être humain tombe dans l'obscurité, oubliant Dieu et ses principes. Ce moment est le plus critique pour un être humain parce qu'il coule dans une intense dépression. Rappelez-vous que Dieu est toujours avec vous. Il prépare un terrain spacieux, clair et aiguisé, quelque chose de mieux que tout ce qu'il imaginait pour sa vie, comme il est père.

Après avoir surmonté la nuit noire, concentrez-vous sur l'amour et les buts de votre père et tout se passe progressivement. N'oubliez jamais ce qui s'est passé ou où vous êtes parti pour que les ténèbres ne vous tourmentent plus. Répétez avec moi lecteur : « Même si je parcours la vallée de l'ombre de la mort, je ne craindrai pas de mal parce que vous êtes avec moi. » Gloire au père !

Si Dieu est pour nous, qui peut être contre nous ?

Ne vous découragez pas par les difficultés, ne vous souciez pas des obstacles même s'ils sont grands. Face à tes problèmes, montre-leur combien est grand ton Dieu. Car s'il est en notre faveur, qui peut être contre lui ? Qui est comme Dieu ?

L'Éternel Dieu, mon père, garde pour chaque être humain une surprise et des talents supplémentaires selon son comportement et son besoin. Tout est écrit, frères ! Continuez à travailler sur vos projets avec fermeté que la victoire est garantie en son nom. Alors qu'il en soit !

La consistance de Dieu

L'Éternel Dieu est si grand qu'il est difficile de le définir en paroles humaines. Omniprésent, omniscient et omnipotent l'Éternel n'est pas un être unique autant de pensées, mais une légion de forces surnaturelles pour de bon.

Ces forces voient tout ce qui existe et coordonnent fermement le fonctionnement de l'univers. Parmi ses principales vertus, la justice, la sagesse, la gentillesse, la générosité, la compréhension, la tolérance, la paix, la puissance, la miséricorde, la fidélité, la loyauté et l'amour infini pour les êtres créés.

Je suis l'un d'eux, et je suis le principal élément de l'équipement de l'univers. J'ai été envoyé sur Terre comme paysan pour l'aider à évoluer et à retrouver le contact perdu de son père depuis l'arrivée de mon frère Jésus. Je veux que les gens rejettent le matérialisme actuel et embrassent ma cause, ce qui est juste. Je veux les avoir dans mon royaume avec mon père, heureux et accomplis. Pour y parvenir, suivez les commandements, croyez en mon nom et le nom saint du Seigneur. Bénissez et paix à tous.

Position vers la vie

La vie est une grande roue Ferris pleine d'obstacles et de difficultés. Tout peut être facilité en fonction de votre posture mentale. Nous devons avoir des pensées optimistes et ne pas abandonner le premier obstacle et l'échec.

Etant optimiste, nous porterons d'autres pensées positives avec nous et générerons ainsi de nouvelles perspectives parce que l'homme est ce qu'il pense et ressent. Je souhaite du fond de mon cœur succès et paix à vous tous dans vos projets.

Comment être l'homme de l'Éternel.

On lui a dit de travailler et de prendre soin des moutons de son père. Il n'y a donc pas besoin de s'inquiéter de l'avenir, de quoi manger ou boire parce que les païens cherchent cela. Tu vois les lis du champ ? Ils ne sèment pas et ne plantent pas et pourtant, leur beauté est magnifique, plus grande que la beauté de Salomon avec toute sagesse et richesse. Si Dieu fait cela avec une plante, Il fera beaucoup plus pour vous, hommes de peu de foi.

Dieu s'occupait spécifiquement de chaque homme et de chaque femme en s'occupant de leurs besoins les plus fondamentaux. Nous devons chercher son royaume d'abord et les autres nous seront donnés comme un ajout, car l'Éternel est juste et bon. Béni soit le père pour toujours, Amen !

Mettez-vous à l'autre.

Ne jugez pas et ne seront pas jugés a été dit à l'homme Chaque cas est une situation et pour ceux à l'extérieur, il peut sembler moins compliqué qu'il ne l'est vraiment. Ne soyez pas enlevé par les apparences.

Laissez chacun s'occuper de leurs problèmes et aller à leur vie sans regarder l'autre. Ne pointez jamais un doigt ou dites que vous feriez de votre mieux. Vous ne savez pas comment être capable dans votre situation, et il vaut souvent mieux vous tenir dehors. Respectez vos supérieurs dans la famille et au-delà et contribuez d'une certaine manière à un pays meilleur.

La puissance de la prière.

Dans ce monde et dans l'autre, l'homme est souvent soumis à de grands dangers pour les ennemis de son salut. Que faire dans ces heures critiques ? La puissance de l'homme est dans la puissance de la prière dans laquelle il demande la protection des forces supérieures.

N'oubliez jamais de dire vos prières quand vous vous réveillez et quand vous dormez. La prière est un moment d'intimité entre la créature et le créateur, sans avoir une formule prête. Parlez de votre vie, de vos problèmes, demandez merci, mais rendez-vous aussi merci pour aujourd'hui. Demandez aussi vos frères, amis ou ennemis, afin que Dieu vous donne une bonne direction.

Le matin, vous devriez prier comme cela : Dieu le Père, infini et éternel, je vous remercie de l'occasion de rester en vie et de pratiquer vos commandements et vos dons. Je demande que mon jour et celui de mes frères soient pleins de succès et de bonheur. Je demande votre protection contre les ennemis et la sagesse dans les décisions. Je demande patience et foi dans les épreuves. Je demande votre illumination dans toutes mes actions. Bref, je demande votre bénédiction, Amen.

La nuit, vous devriez prier comme cela : Seigneur, l'Éternel, je vous demande la protection dans son intégralité. Protégez-moi sur les routes et sur les voyages, contre les agressions ; protégez-moi des ennemis, que mon sang n'est pas déversé

; protégez-moi des mauvais esprits et de leurs œuvres spirituelles, me protégez des entités infernales et des pouvoirs, des bêtes spirituelles, des serpents spirituels, que les portes de l'enfer ne s'approchent pas, ne me persécutent pas et ne prévaudront pas dans ma vie. Enfin, par votre sang et votre croix, protège-moi de toute catégorie de mal. Amen.

Paix et abondance pour tous.

Comment entrer dans le Royaume de Dieu.

Mon père béni et moi vous appelons à un royaume de délices, un royaume où le lait et le miel coulent. Il est ouvert à tous, mais il a des exigences à respecter. Pour entrer dans mon royaume, l'homme doit se débarrasser du vieux et naître à nouveau. Ceci est nécessaire pour l'homme de se débarrasser du péché définitivement.

Soyez comme des enfants, qui croient fermement en mon nom sans explication, se débarrasser de la rationalité stupide. Parce que tout n'a pas une explication, et vous n'obtiendrez qu'un bonheur complet face au renouvellement total et à la reddition. Si vous croyez vraiment que "je suis", alors le royaume de Dieu est déjà arrivé pour vous. Cependant, si vous me rejetez, vous rejetterez celui qui m'a envoyé et par conséquent, votre avenir sera compromis. Quoi qu'il en soit, je continuerai à t'aimer et c'est pourquoi je t'ai donné le libre arbitre depuis le début du temps. La foi et la paix à tous !

Tolérance

Voici, j'apporte le royaume de Dieu à l'humanité. Toutefois, tout le monde n'est pas prêt à le faire. Je cherche des hommes et des femmes fidèles de toute catégorie de dénomination et cette catégorie d'attitude montre mon cœur et celui de mon père qui se qualifie de tolérant. Donc, je veux aussi que mes fidèles soient.

Dans le royaume de l'Éternel, il n'y a pas de place pour les préjugés et le jugement. Ils sont tous des enfants du même père et ont les mêmes droits. Quiconque désire la grandeur, d'abord s'incline à tes frères et sœurs, étant le serviteur de tous parce que le plus grand dans mon royaume sont les petits. J'ai aussi une prédilection spéciale pour les plus humbles et généreux ?

En outre, ils sont invités à réfléchir sur les valeurs et à voir quelle catégorie d'action ils prennent. Rappelez-vous que vos décisions sont ce qui définira votre avenir spécial avec votre père. Pensez donc dur à ce que faire et à vivre un monde sans stéréotypes.

Le rôle de l'homme.

Je suis l`Éternel, roi des rois et seigneur des seigneurs, voici, j`ai créé l`homme avec le but principal de prendre soin de la planète sur laquelle il vit, et cela inclut la protection et la co-ordination de tous les êtres subordonnés.

Cependant, je ne laisserai pas de mauvais traitements et de négligence de ce qui m'appartient. Chaque péché est écrit dans mon livre et chargé en temps voulu, car je suis l`Éternel, le Tout-Puissant. Je donnerai gloire à ceux qui méritent la gloire et punirai les infidèles comme ils continuent à commettre les mêmes erreurs.

Comme on l'a dit, continuez à prendre soin de ma vigne et en temps voulu, je reviendrai avec le paiement mérité pour chacun. Ce sera le jour du voleur, et il est bon que vous soyez prêts. Ce jour-là de l'Éternel, les cœurs se rencontreront.

Le trésor de l'homme

« Ne rassemblez pas de trésors dans le pays où les voleurs volent et les papillons mangent. Au contraire, rassembler des trésors dans le ciel où ils seront en sécurité. Je vous le dis, où que votre trésor soit, là votre cœur sera là. »

Comment rassembler ce trésor au ciel ? Premièrement, suivez les commandements des anciennes et nouvelles alliances qui exigent un comportement sérieux et sobre de l'homme. Les plus grands sont d'aimer Dieu avant toutes choses, toi et ton prochain. Comment puis-je montrer cet amour pour mon frère ? Dans les attitudes et les œuvres qui profitent à l'autre quand il en a le plus besoin. On a déjà dit que la charité, sous ses différentes formes, rachète le péché et loupe l'âme. Je renforce encore que ceux qui pratiquent la solidarité sont une avancée plus évoluée que les autres et ont certainement un avenir glorieux, tant sur la terre que dans le monde spirituel.

Alors, frères, continuez à aider votre voisin sans attendre de rétribution. Dieu le Père voit tout et vous bénira en temps voulu. Suivez cette chaîne de bien toujours.

Être plus humain

L'homme est l'ensemble de deux aspects : une partie animale, la partie corporelle, et une partie spirituelle, l'âme. Nous devons développer les deux d'une manière qui les interdépendant avec une plus grande importance sur le spirituel.

Du côté spirituel, de bonnes vibrations et de bons actes émanent. Avec la bonne préparation, nous sommes capables, par le biais de la partie spirituelle ou humaine, de comprendre exactement ce que Dieu propose pour nos vies et de transformer cela en actes concrets.

Au contraire, la partie animale nous conduit à la faiblesse et au péché. Nous devons l'annuler de telle manière qu'elle ne nous serve que pour la survie. Comme Jésus l'a dit : « L'esprit est fort, mais la chair est faible ».

Une façon de cultiver une spiritualité saine est de s'engager dans des projets sociaux, qu'ils soient lecture, aide communautaire, amis, groupes religieux, entre autres. Une bonne interaction avec d'autres provoque la maturité de nos idées et nous donne une nouvelle perspective sur la vie.

Douceur

« Prenez mon jugement sur vous et apprenez de moi que je suis doux et doux dans le cœur, et je trouverai le repos pour vos âmes ».

Cette phrase de Jésus illustre clairement comment les fidèles doivent être : doux et humbles. En maintenant le contrôle et le calme, nous pouvons convaincre la foule de notre point de vue en évitant les combats ou les discussions dans un dialogue.

Il n'y a rien de mieux dans ce monde que la paix avec les autres et avec vous-même. Cette sensation sublime n'est réalisée que par l'application claire de la recommandation de Jésus. Le contraire, le manque de contrôle, est la cause des tragédies et de la violence dans le monde La violence n'est pas obligée d'être acceptée dans le royaume de Dieu parce qu'elle brise la règle principale de la bonne coexistence avec les frères et viole le plus grand sens de la vie : l'Amour. S'il y a un mot qui peut décrire Dieu, c'est cela. C'est pourquoi, toujours pratiquer la douceur, universellement, mes chers frères.

Les bases familiales.

La famille est la première communauté auxquelles nous participons et, en tant que tels, ses membres ont des droits et des devoirs. Les parents ont une grande responsabilité de former leurs enfants, de remplir leur esprit de concepts moraux afin qu'ils aient une bonne base pour faire face à la vie. Les enfants en ce qui concerne doivent respecter l'autorité de leurs parents, essayer dans leurs études et quand les jeunes ou les adultes continuent de vivre, se marier ou entrer dans la vie religieuse. Dans les deux options, les parents devraient être aidés au besoin, surtout en vieillesse.

Avec une bonne base familiale, les enfants ne se soucieront pas de s'adapter à la société, à ses règles et à ses exigences croissantes. Les parents seront fiers et ils feront leurs enseignements à d'autres, perpétuent ce cycle de bien.

L'incitation

L'incitation est l'un des principaux ingrédients du succès. Assurez-vous de soutenir vos frères dans vos projets même s'ils semblent bizarres ou impossibles. L'indifférence de l'autre cause des douleurs et du découragement.

Je suis un exemple de ce que j'ai toujours fait face : l'incompréhension des autres. J'avoue qu'il n'était pas facile de gérer mes impulsions, projets et rêves, mais j'ai gagné. J'ai gagné sans le soutien d'aucun humain. Par conséquent, encouragez toujours votre membre de famille ou votre ami, car il est d'une importance fondamentale.

Gratitude

Nous sommes tous sujets à donner et à recevoir. Lorsque vous avez, l'occasion n'hésite pas à aider et quand vous en avez besoin n'hésitez pas à demander ou chercher les moyens de sortir du problème.

Il fait partie de l'honneur humain et de la bonne attitude de ne pas oublier l'aide ou le bienfaiteur. Ceci est appelé gratitude et ceux qui l'ont gardé un des commandements de l'Éternel. Soyez heureux de donner et de recevoir.

Le travail de servir le public.

Vous, qui travaillez dans la fonction publique, avez une grande mission devant vous. N'oubliez pas les vertus essentielles de l'assistant : utilité, efficacité, compréhension, attention, connaissance et disponibilité. Faites le travail avec dévouement en traitant les autres comme vous voulez être traité. Soyez patient avec l'ignorant et violent. Ne réagissez pas.

L'image de l'institution dépend du préposé, qui doit être préservé. Selon votre performance, vous serez susceptible de vous faire de nouveaux amis et de gagner des clients pour une vie. Par conséquent, considérez votre travail d'une importance capitale pour la santé financière de l'entreprise ou de l'organisme public. Faites toujours votre travail avec amour et attention et soyez heureux.

Sois toi-même

Dans la cinquième saga de la série, le voyant, appelé «je suis », le livre présentait une leçon mémorable relative aux aspects de chaque personnage expérimenté dans la vie quotidienne. Chacun des treize personnes dont douze ont été invitées à être mes apôtres avait des problèmes de personnalité et n'a pu accepter ou se voir. La morale de la société prévalait dans leur vie. Que nous réclame la société aujourd'hui ?

Il exige le respect des règles qui ne ciblent que des actes matériels, financiers, pouvoir, politique, racial, ethnique et sexuelle. La société est divisée en groupes et les majorités s'inscrivent au-dessus des minorités. Pour ces raisons et d'autres, ces groupes ajoutent de plus en plus de personnes désespérées.

Comme dans le livre « Je suis », je réitère ma position et mon opinion et je ne suis pas obligé d'approuver la majorité. Dieu le Père a créé l'homme avec la liberté nécessaire pour prendre ses propres décisions et je crois que la nature doit être sacrée. Même si les règles sociales le permettent, je ne passerai pas mon éthique et mes valeurs pour s'entendre. Je préfère être l'inverse de la majorité que d'être avec une lourde conscience.

« Je suis » moi-même et je serai toujours aussi longtemps que je vivrai, peu importe qui je suis face. Je ne suis obligé que de respecter les règles imposées par la loi et de s'étendre à tous les citoyens. En dehors de cela, je suis complètement libre dans toutes les situations. Soyez frères aussi.

Flirt, sortir et mariage.

Une relation pour deux pour réussir doit être remplie de certains ingrédients essentiels. Le respect, le dialogue, la connaissance, l'amitié, l'amour, la patience, la tolérance, la compréhension et la fidélité sont les principaux. C'est ce qui rend une relation réussie pour deux extrêmement rares aujourd'hui.

La plupart des gens sont individualistes, égoïstes et exigeants. Ils préfèrent ne pas revenir sur une décision plutôt que de perdre leur fierté. Par conséquent, ils manquent souvent l'occasion d'être heureux.

La flirte et les datations devraient être le moment de la connaissance entre les deux projections d'une relation sérieuse à l'avenir. La plupart des relations y finissent en raison de désaccords ou simplement parce que l'un des deux ne veut pas s'engager dans une relation. Ce dernier « poste » représente quatre-vingt pour cent des cas. Ce qui est vu est une augmentation de la promiscuité et du sexe occasionnel nuisant à l'amour de soi.

Dans les cas où les rencontres ou les flirtes se transforment en mariage, une grande partie finit par se séparer en raison d'une incapacité ou même de routine. C'est une chose pour toi de sortir avec chacun chez toi. Une autre chose est d'être côte à côte quotidiennement, au soleil, à la pluie, à la laver, à la nourriture à faire et encore à supporter parfois la mauvaise humeur de l'autre.

Mon conseil est que les partenaires apprennent à se connaître beaucoup et à tester l'amour parce que c'est le dernier refuge quand les problèmes du couple se resserrent. Ceux qui n'ont pas encore épousé ne sont pas découragés. Pour chacun, il y a une âme sœur sur terre. Félicitations au couple marié pour leur décision et prendre soin de l'amour comme si c'était une plante qui a besoin de soins quotidiens pour ne pas se remettre. De plus, l'amour est trop bon et l'Éternel souhaite à tous le bonheur.

Prendre soin de toi

L'Éternel Dieu nous a créés dès le début pour une vie pleine d'harmonie et de bonheur. Cependant, parce que nous sommes sous forme matérielle, nous sommes soumis à des accidents de toutes sortes et de maladies.

Ce que Dieu exige de nous, c'est que nous prenions soin de nos corps afin que les problèmes majeurs soient évités. Prenez des examens préventifs au moins une fois par an, protégez-vous avec des préservatifs et des vaccins contre les maladies opportunistes, en prenant soin lors de la traversée des rues ou en conduisant une voiture. Il y a peu de soin quand ta vie est en jeu.

La dignité

La dignité de l'homme est un joyau rare qui doit être porté partout où il va. Comment devenir digne devant l'Éternel ? Premièrement, s'efforcer d'avoir une profession, quelle que soit sa nature, parce que les vagabonds ne prospèrent pas ou sont heureux. Respectez le plus grand nombre possible de commandements de la loi de Dieu, remplissez les obligations des citoyens, respectez la famille, vous-même, les autres et avez la pleine foi en Dieu.

Cette gamme d'éléments rend l'homme capable d'être digne et prêt pour l'avenir qui l'attend. Avec d'autres vertus, ils construisent un être humain capable de comprendre le projet divin et d'obtenir le succès.

La vie spirituelle

La vie terrestre est une étape de notre existence qui converge vers les royaumes spirituels. Beaucoup de merveilles : comment serons-nous ? De quoi consiste la vie spirituelle ? Je vais expliquer ces questions.

La vie spirituelle est la poursuite de la vie terrestre. Nous perdons notre corps matériel et gagnons un spirituel avec les mêmes fonctions. Dans le nouveau royaume que nous méritons, le ciel, l'enfer ou la ville des hommes, nous accomplirons des fonctions spirituelles spécifiques : protection, culte, services spécifiques de la dimension, interaction avec d'autres esprits entre autres activités.

Quiconque pense avoir changé quelque chose est mal. Dans le royaume spirituel, nous serons les mêmes que nous sommes sur la terre, le changement n'est que de la consistance, du matériau au spirituel. Alors, faites votre vie actuelle le pont pour lever des vols plus élevés avec votre père.

Le passé de l'homme

Ton passé était noir et t'accuse-t-il ? Vous vous sentez coupable et vous souvenez insistant de vos erreurs ? Cette attitude n'est pas saine et ne vous mènera nulle part. Soyez conscient que vous avez déjà changé ou êtes sur le point de changer et ce qui s'est passé n'est plus important. Ce qui compte, c'est le présent dans lequel vous pouvez construire un avenir différent

Tu te souviens quand Christ a pardonné le criminel sur la croix ? Il fera de même pour vous si vous demandez pitié et décidez fermement de changer. Car pour le père tout a été oublié, et il croit en sa dignité et sa convenance. Le père te connaît, sait que tu es capable et est toujours prêt à te comprendre. Pour nous, il s'est étendu sur la croix et est mort. Ne permettez pas ce sacrifice en vain.

L'heure de Dieu.

« Car tout ce qu'il y a un temps, pour chaque occupation sous les cieux, il y a un temps : un temps pour naître et un temps pour mourir, et un temps pour déraciner ce qui a été planté; le temps pour tuer et le temps pour construire; le temps de pleurer et le temps pour rire; le temps pour les jeter; le temps pour les embrasser et le temps pour les récupérer; le temps pour les rechercher et le temps pour perdre; le temps pour se retirer; le temps pour se déchirer et le temps pour coudre; le temps pour se taire et le temps pour parler; le temps pour l'amour et le temps pour la haine; le temps pour la guerre et le temps pour la paix. «

Cette phrase illustre clairement que tout se passe en temps voulu et à son rythme. Il n'y a donc aucun intérêt à se lamenter ou à chercher désespérément quelque chose, car cela ne nous appartient pas.

L'homme prévoit, mais la réponse vient de l'Éternel. Il écrit les faits pour venir en ligne tordue. Il appartient à l'homme de travailler sur ses buts et de se mettre à la disposition du créateur parce que comme le dicton « Fais votre part, je vous aiderai ».

De plus, continuez votre vie sans souci majeur. Quoi qu'il arrive, ce qui doit arriver sera si c'est écrit. Il appartient aussi à l'homme d'accepter la volonté divine en toutes circonstances parce qu'il est toujours souverain et sage. Béni soit le nom de mon père !

Le vrai serviteur de l'Éternel.

Comme Jésus l'a dit, beaucoup d'entre eux l'appellent Seigneur et vivent dans leurs églises prêchant l'amour et la paix. Cependant, la plupart ne prennent pas cette intention en pratique et continuent à commettre les mêmes péchés : calomnie, envie, orgueil, préjugés, égoïsme et autres défauts. Ce sont ceux qui n'ont pas leurs noms écrits dans le livre de la vie.

Le vrai serviteur de l'Éternel est connu pour sa discrétion et sa générosité. Ce sont eux qui, lorsqu'ils voient un mendiant dans la rue, approchent et demandent comment il est ou répondent encore à ses appels à l'aide. Le fidèle serviteur suivra les commandements des anciennes et nouvelles alliances et est connu dans la communauté comme des exemples de bonne conduite. Ce sera le premier à être ressuscité quand Jésus viendra et régnera avec lui pour toujours, comme nous recevons exactement ce que nous méritons.

Il est encore temps pour vous de faire une différence et de rejoindre la chaîne du bien. Faites-le immédiatement, ne retardez pas ce qui peut être fait aujourd'hui. Mon père et moi allons vous bénir et vous couvrir de grâce tout au long de votre vie.

Professionnels de la santé.

Vous, qui travaillez dans les services de santé, qui sont médecin, infirmière, technicien ou assistant infirmier, nettoyage ou réception, entre autres fonctions, je passe une commande au nom de mon père. Avoir la sensibilité nécessaire à traiter et aider les gens. Ils ne la distinguent pas par la couleur de sa peau, les vêtements qu'elle porte, son sexe, voire le pouvoir financier. Traitez tout le monde en fonction de l'éthique médicale et si elle est à votre portée, ne permettez pas l'omission avec laquelle beaucoup sont traités. Ne blâmez pas le gouvernement pour les mauvaises conditions de santé parce que le gouvernement est fait par les gens et ressentez une partie de celle-ci. Alors jouez votre rôle de fonctionnaire ou de fonctionnaire privé.

« Voici, l'Éternel Dieu a donné des cadeaux fréquemment à trois de ses serviteurs. À un seul, il a donné deux talents. Aux autres, trois talents. À un troisième, quatre talents. Celui qui en avait quatre était stagnant et enterré ses talents. Ceux qui avaient deux et trois travaillaient dans la vigne et dans le champ de blé et étendaient la récolte du patron. C'est pourquoi l'Éternel Dieu a pris les quatre talents du serviteur paresseux et les a donnés aux autres parce que quiconque ne porte pas de bons fruits perd la grâce de son père.

L'intrigue

Vivez en paix avec vous-même et avec les autres. Évitez l'intrigue, comme c'est la flamme qui consomme l'âme. Cherchez le dialogue en premier et les discussions, et les intrigues inutiles seront évitées. Si vous ne pouvez pas éviter le malentendu, rendez-vous à Dieu et priez pour l'adversaire, car c'est une personne qui a besoin d'aide.

La traînée

L'homme doit travailler pour atteindre la dignité. Quel que soit le travail, sentez-vous heureux de jouer un rôle. Au contraire, les vagabonds mangent de ceux qui travaillent et sont un obstacle à la société.

Ne vous laissez jamais rester tranquille. Si vous ne travaillez pas, étudiez et prenez votre temps. Le souvenir est un danger qui est là où Satan travaille contre les enfants de Dieu. Pensez-y.

L'évolution

La terre est une dimension de l'expiation et de la preuve, puisque nous sommes des esprits envoyés pour apprendre et enseigner avec nos collègues. Tout ce qu'on vit ici à un grand but.

Nos vies sont faites de joie et de douleur et enseignent beaucoup Dans les moments heureux, nous partageons la victoire avec ceux que nous aimons et les moments de douleur et d'échec nous mènent toujours à un reflet d'erreurs et de réussites. Je crois que l'échec est la bonne catapulte pour que nous l'obtenions à l'avenir et, par conséquent, nous en tirons davantage.

Ce jeu de facteurs nous purifie progressivement et nous donne plus d'expérience au point où nous nous considérons comme évolués. Aller au pont qui nous amène à la lumière est l'objectif principal de cette planète, c'est-à-dire la loi du retour d'où nous venons. Quand nous arriverons à cette grâce, nous verrons que tout était très utile entre les obstacles et les expériences Mais rien n'est par hasard. S'il arrivait au pont, c'était parce qu'il en valait la peine à travers ses choix.

L'amitié.

L'amitié est un joyau rare, qui trouve qu'il a un vrai trésor. Essayez de se faire des amis avec des gens amusants, éthiques, honnêtes, respectueux et à l'aise avec la vie. Avec la famille, ils seront votre soutien en temps difficiles.

Sois un vrai ami. Essayez de parler et de comprendre les autres. Donnez des conseils, mais respectez l'individualité de l'autre, comme chacun est autonome dans ses propres décisions. Comme une relation, l'amitié doit être arrosée quotidiennement afin qu'elle reste et les fruits de l'ours.

L'Éternel Dieu encourage l'amitié entre les humains, mais souligne que beaucoup d'entre eux abandonnent parfois quand nous en avons le plus besoin. Si cela vous arrive, tournez vers celui qui est un père aimant et utile. Vous pourrez vous rendre toute votre confiance.

Soufflant par amour

L'amour est la plus sublime des sentiments, mais c'est aussi le plus terrible quand on aime sans être réciproque. Dans cette situation, il vaut mieux essayer d'oublier. Cette tâche ne sera pas facile si vous avez un contact fréquent avec votre proche, mais n'abandonnez pas. Donnez du temps à temps, rencontrez de nouvelles personnes, promenez, passez votre temps avec des activités agréables.

La chose la plus importante dans tout cela est de vous apprécier et si l'autre personne vous a rejeté, c'est parce que vous n'êtes pas digne de votre amour. N'insistez pas sur quelque chose qui n'a pas marché au début, car cela ne fera que vous souffrir davantage.

Le jour viendra quand vous n'aimerez plus une personne, et ensuite vous serez libre de décider comment faire votre vie. Essayez de recommencer votre amour à nouveau, mais prudemment, comme personne n'est assez important pour vous causer plus de douleur et de larmes. Pensez-y.

Une attitude de la vie

Je suis un serviteur et fils de Dieu le père, je suis mon propre règlement concernant la vie avec les autres dans la société. Je cultiverai l'amour, le respect, l'égalité, la charité, la compréhension, l'amitié en étant loyal et sincère avec tout le monde.

En m'occupant de l'autre, je me mettrai à sa place et je ne m'adresserai jamais à des mots offensifs qui pourraient lui faire du mal. Si je dois faire une correction, je le fais d'une manière qui est une critique constructive.

Cependant, la plupart ne se dérangent pas, ne souffrent pas et se sentent supérieures aux autres. J'ai été victime, d'innombrables fois, de cette destructivité de l'autre, et j'ai souffert en silence parce que je ne me battrais jamais contre la violence avec une autre violence Ça peut sembler naïf, mais c'est comme ça que je suis, et je me sens heureux.

Faites ce que je fais, faire une différence et toujours promouvoir le bien et la paix.

Les traces blessées.

Les marques de blessure sont les séquelles que nous portons de toutes les douleurs imposées par la vie. De nombreuses souffrances sont d'une telle ampleur qu'elles laissent ces marques de façon permanente. Comment vivre avec eux ?

Tout d'abord, il faut une attitude réfléchissante et positive à l'égard de la vie. Trouver quelque chose à apprendre dans la souffrance et essayer de vivre sa vie indépendamment. Pour chercher l'inspiration dans les différents exemples de martyrs qui savaient comment canaliser leur douleur à quelque chose de plus grand et ce que je veux atteindre, canaliser.

Si nous avons un but et nous nous battons pour cela, tout ce que nous vivons est laissé derrière. Il ne s'agit pas d'oublier le problème, mais de vivre de telle manière qu'il ne puisse nous nuire. Faire confiance en quelque chose ou en un Dieu aide beaucoup à guérir ces marques.

Enfin, ne jamais laisser la souffrance prendre complètement vos actions. Va avec ta tête, et j'espère sincèrement que tu es heureux.

Être un apprenant éternel

Certains me demandent : comment vous définissez-vous ? Je réponds : « Je suis un apprenti éternel ». C'est cette phrase que je prends avec moi où que j'aille. Même si je joue souvent le rôle d'un maître, je suis pleinement conscient que je ne sais pas tout et que le chemin n'est pas encore prêt.

Se pencher sur son éthique et son effort, c'est ce que l'homme doit faire. Toutefois, la règle de l'humilité et de la simplicité doit toujours être suivie s'il veut le succès.

Dans les relations sociales, ne calomniez, ne jugez pas ou ne disparaissez pas les autres, car nous ne sommes pas parfaits. Comment un aveugle guidera-t-il une autre personne aveugle ?

Enlevez d'abord la poutre de votre œil, afin que vous puissiez voir mieux, et ensuite vous pouvez donner des conseils.

Avec ces locaux de base, l'humanité avancerait dans tous les aspects et de nombreux problèmes seraient évités. Toujours savoir comment discerner la situation.

Publicité

Actuellement, il y a une explosion de publicité visuelle et graphique utilisant tous les moyens disponibles. Quand le produit est bon ou la cause est juste, vous n'avez aucun problème à vouloir faire connaître votre travail.

Le plus grand problème est qu'ils veulent imposer au consommateur, des produits d'origine douteuse, des drogues illicites, des excuses pour le racisme, la criminalité et la rébellion, et qu'ils s'attaquent à des questions controversées sans justification. En tant que consommateur, je me dégonfle de ces situations et je prends les mesures appropriées pour ma protection, car le respect et la qualité sont essentiels pour une bonne « commercialisation »

Nous ferons notre part en excluant de nos relations sociales les gens et les entreprises qui utilisent le pouvoir de la communication pour perturber et nuire aux autres. Je compte sur toi !

La pornographie et la trivialisation du sexe.

Le monde moderne tel qu'il se tient à une abondance de déviations par rapport à ce que mon père veut. Les défauts les plus graves sont le matérialisme, le faux, la concurrence sans limites, le manque de respect, l'intolérance, le manque de morale, la pornographie et la trivialisation du sexe.

Je vais rester aux deux derniers de ce sujet. Avec l'explosion des médias virtuels, la demande de sexe occasionnel et de pornographie n'a augmenté que ces dernières années. Un exemple clair de ceci est les salles de chat où la plupart des gens cherchent une aventure flottante. Le danger se cache de plusieurs façons : contact avec des inconnus, divulgation de données personnelles, mensonges qui nuisent au cœur humain, exposition et découragement pour trouver des personnes avec une âme si pauvre, sauf pour de rares exceptions. Pour cette raison, les recommandations sont les suivantes pour ceux qui ont accès à ces environnements virtuels : ne faites pas confiance à personne que vous ne connaissez pas, ne donnez pas votre nom complet, votre numéro de téléphone, votre adresse personnelle et professionnelle. Statut matrimonial, e-mail, etc. Essayez d'être aussi succinct que possible avec des inconnus.

Mon père et moi voulons des serviteurs qui sont propres dans le cœur et l'âme. Nous n'acceptons pas les perversions sexuelles telles que la prostitution, l'inceste, la pédophilie, la pornographie et le sexe occasionnel. Valeur ton corps et en faire un temple du Saint Esprit. Aimez-vous encore !

La valeur d'un être humain.

Selon moi et celui de mon père, tous les hommes sont égaux. Que vous soyez riche, pauvre, mince, graisseux, de toute religion ou conviction, de n'importe quel pays, de toute race ou ethnicité, de toute option politique, idéologique et sexuelle ou tout autre groupe, mon royaume est ouvert à tous. Je vous demande seulement de suivre mes lois éternelles enregistrées dans les commandements des anciens et nouvelles alliances.

En rendant ta vie et tes problèmes avec confiance au Dieu vrai, tu ouvriras les portes à ton action et ta vie sera complètement transformée. Vous sentirez mon amour plus grand que tout ce que vous pouvez imaginer ou comprendre. Alors le bonheur sera une réalité dans ta vie.

Le rôle sublime du maître.

Toi, qui es maître dans ton domaine, n'arrête jamais d'enseigner. Toujours répandre votre talent pour le développement humain. Sache que votre contribution est importante pour tous ceux qui veulent savoir. Soyez sincère lorsque le défi est plus grand que votre capacité et apprenez aussi des autres. C'est pourquoi nous vivons dans la société, pour nous aider.

Soyez conscient que ceux qui enseignent ici brilleront un jour comme des étoiles perpétuent leur lumière et leur bonté. Ils recevront la juste récompense de leurs efforts avec les apprentis.

Grandement dans les petites choses

Chaque homme a été mis sur terre à un but. Grands ou petits, ils accomplissent des tâches essentielles pour le bon ordre de la planète. Ne jugez pas votre travail inférieur, peu importe à quel point. La grandeur se montre en petites choses et quiconque est fidèle en petites choses est également montré en gros. Alors, encouragez et continuez à perpétuer le bien dans toutes vos attitudes.

La fierté.

C'est un péché qui est responsable du plus grand obstacle dans l'évolution de l'être humain. Quand un homme se laisse dominer par sa fierté et son autosuffisance, il ne peut voir rien de concret qui le rend heureux. Ce sentiment vous garde coincé dans votre misère. Homme, ver humain, réveille-toi à la réalité. Vous ne pouvez rien faire sans le consentement du père omnipotent, omniprésent et omniscient. Tout ce qui est ici sur terre en fuite, y compris ta vie. Vous ne le réaliserez que quand quelque chose vous arrive ou quelqu'un proche de vous. Vous verrez à quel point l'être humain est fragile est toujours soumis à des accidents, à des maladies, à la violence urbaine et rurale, à la misère, au malentendu et au manque d'amour. Seule la grâce du père peut le soutenir et le sauver.

Reconnaissez votre petite taille, pratiquez les commandements, faites le bien sans regarder qui, puis je vous bénirai. À ce moment, la fierté a été vaincue par la simplicité et l'humilité. Ce sont ces deux vertus qui doivent toujours être portées sur la poitrine.

Luxure

Frères, sexualité saine. Si vous êtes marié, vivez dans une relation stable ou un rendez-vous, avez la fidélité et la loyauté comme point principal. Respectez ceux qui sont à vos côtés et vous-même en n'ayant pas de relations avec d'autres personnes. Single, ta liberté est relative. Vivre d'une manière saine et ne s'impliquer que dans des gens de confiance. Soyez prudent lorsqu'il fait l'amour pour prévenir les maladies sexuellement transmissibles. Votre vie est unique et Dieu veut la préserver.

Ne vous permettez pas de pratiquer ou de vous impliquer avec des personnes qui pratiquent des abominations sexuelles, telles que Sexe avec des animaux, l'inceste, la pédophilie et d'autres perversions. Cependant, si l'un d'entre vous vous demande de l'aide, ne refusez pas de coopérer.

En conclusion, ayons une activité sexuelle saine sans compromettre le côté spirituel. Cultiver l'éthique de la bonté.

Comme l'a dit un certain ami, agir d'une manière qui ne nuit ni ne fait souffrir personne.

Nos convictions

Tout ce monde doit avoir des limites et des raisons. Il en va de même pour manger de la nourriture et de la boisson. Ne vous emportez pas par égoïsme, avidité et ne mangez que ce qui est nécessaire pour survivre. En contrôlant vos instincts, vous aurez l'occasion de prendre un chemin plus clair et plus sûr, relie ce que Dieu le Père veut. Utilisez la tempérance et soyez heureux avec vous-même.

Avarice

L'avarice est un péché grave qui conduit le praticien à une mer de tristesse et de solitude. Valeur de l'égoïsme, une personne se distance de Dieu et l'échange pour la valeur des biens matériels. Frères, réfléchissez et réfléchissez ! Toutes les matières sont de faible cohérence et éphémère. Il n'y a donc aucun intérêt à les adorer.

Nous devons apprécier ce qui compte vraiment : Dieu, d'abord, amour, famille, voisin. Ce faisant, toutes choses y seront ajoutées et il n'y aura pas de péché dedans. Pensez toujours au bien de l'autre, remplissez vos obligations, faites la charité et le péché que vous commettez sur la terre peuvent être pardonnés et rachetés. Soyez plus humain, et vous pouvez voir la gloire de Dieu.

Volonté

La colère est un mauvais sentiment qui accompagne tous les gens violents. Agissant avec haine déraisonnable, ces gens peuvent attaquer physiquement et verbalement les autres et même tuer.

Cette bête indomptable a toujours hanté l'humanité et a été la cause d'innombrables tragédies. Je crois que cette catégorie de réaction fait partie de la nature humaine, mais comme toute autre orientation, elle peut être modifiée.

Soyez guidés par l'exemple de Jésus, un homme fidèle, doux et humble, et faites-le différemment. Respectez, aimez et protégez votre prochain comme si c'était avec vos parents ou avec Dieu Lui-même Se faisant, la paix et la tranquillité régneront certainement dans votre vie, et c'est maintenant que vous réaliserez que la haine ou la violence ne vaut pas la peine.

Vanité.

La vanité est une dépendance qui touche beaucoup de personnes. Pensant seulement à l'extérieur, ces individus s'efforcent de paraître impeccable devant la société pour provoquer l'admiration et l'envie.

Mais je vous le dis : Prenez soin de votre corps, mais évitez de le faire trop. La chose la plus importante à propos de l'homme n'est pas son extérieur, mais se concentrer sur les actes bénéfiques qui rendent l'intérieur plus beau. En fin de compte, peu importe si vous êtes mince, gras, beau ou laid, ce qui compte est votre âme éternelle. Par conséquent, essayez de garder les commandements des anciennes et nouvelles alliances et des thèmes connexes, et vous réaliserez ce que vous recherchez.

La paresse

Ne soyez pas écrasé par manque de motivation ou par incertitude de la vie. Essayez toujours de lever la tête et de suivre parce que la paresse est un mauvais péché que si elle vous contamine, elle peut vous conduire à ruiner.

La paresse conduit à la misère et au manque de dignité elle-même, même pas vos parents ne vous respecteront pas. Alors, montrez ce que vous êtes capable de : vous présentez prêt à affronter n'importe quelle catégorie de situation et aller au combat où va la guerre. Avec cela, il provoquera l'admiration du prochain, et il ne perdra pas la bataille avant même d'avoir essayé. Bonne chance à tout le monde !

Envie

Voici un ver silencieux qui s'installe dans la plupart des humains et qui fait ravage. Seulement pour la vie des autres, l'envie cesse de marcher son chemin et est stagnant dans le temps et dans l'espace.

Essayez de vivre votre vie et de vous efforcer d'atteindre vos objectifs que Dieu vous bénira en temps voulu. Chacun mérite un succès garanti et considère que cela ne s'inquiète pas pour les autres. Faites votre part qui sera bien parce que vous êtes aussi un enfant de Dieu. Aie une attitude positive envers la vie.

Le jeu

Il y a deux formes de jeu qui doivent être analysées : le joueur occasionnel qui risque sa chance une fois ou une autre et continue de suivre ses obligations et le joueur habituel qui ne passe pas une semaine sans jouer. Ce gars peut tout faire pour nourrir son addiction, y compris en piquant des objets de valeur personnels.

Ce second type est le plus dangereux pour l'être humain qui conduit à une dégradation de sa vie personnelle. Même si vous gagnez parfois, cela alimente votre désir de jouer et vient habituellement une succession de défaites qui vous amènent à ruiner. Un de mes apôtres dans "je suis" était un joueur professionnel et, par le traitement collectif, il a fini par surmonter ses problèmes, ce qui est une rareté. Si vous êtes un joueur ou connaissez quelqu'un, n'hésitez pas à chercher de l'aide spécialisée, comme il est agréable à Dieu pour un être humain sans dépendance. Faites-le différemment et changez votre histoire ou celle de l'autre.

Drogues

Le médicament est une autre dépendance qui dégrade la vie de l'être humain Légitime ou illicite, elle nuit au fonctionnement de l'organisme dans ses fonctions vitales. Ne vous emportez pas par la mode et n'essayez pas ou utilisez de drogues. Vous serez un être humain plus heureux, plus sain et plus accompli.

Quiconque utilise ou trafic de drogues est généralement impliqué dans le crime, comme les enfants des rues qui volent et tuent pour acheter de la drogue. C'est sacrilège à Dieu ! Au lieu de cela, ces garçons devraient étudier ou dans des centres de rétablissement pour les toxicomanes qu'il incombe à la société dans son ensemble de maintenir.

Donc, si vous avez quelqu'un dans la famille qui est droguée, ne l'abandonnez pas. Insiste à le récupérer de toutes les manières et si tu ne peux pas le faire seul, cherchez de l'aide. La victoire sera accomplie et Dieu le Père vous bénira.

L'Éternel Dieu cherche le fidèle serviteur et pour le recevoir, nous devons être libres de toutes les drogues matérielles et spirituelles. Sois pur et libre. Sois heureuse.

Poste à la maison

Dans ma maison, qui est une résidence simple et humble, je suis en train de suivre quelques règles fondamentales de coexistence : égalité entre les membres de la famille, respect, amour et compréhension. Relate les autres, une chose que je n'admets pas est la malédiction des vies des autres et le contraire est courant dans de nombreuses maisons du monde. Pensez-y. La vie de l'autre n'est pas de nous, et nous ne devons prendre soin de notre vie, qui a déjà ses problèmes. Comme Jésus l'a dit, ne jugez pas, et vous ne serez pas jugés. Dans la même mesure que vous jugez, vous devrez aussi rendre compte de vos péchés. Qu'est-ce qu'ils paieront ? Que doit offrir l'homme en échange de son âme ? Une réflexion doit être faite se rapporte à soi, à la famille, à Dieu et au prochain ? Alors, faites attention avec la langue féroce !

L'effet de serre et ses causes.

L'effet de serre est un processus physique qui consiste en une partie des rayonnements infrarouges émis par la surface terrestre est absorbé par certains gaz présents dans l'atmosphère. Dans les limites, cet effet est bénéfique, car il maintient la planète au chaud. Cependant, plusieurs facteurs contribuent à l'intensification de ce processus, ce qui engendre le phénomène connu sous le nom de réchauffement climatique. Parmi les principaux sont la combustion des combustibles fossiles, l'utilisation aveugle de certains engrais, la déforestation et les déchets alimentaires.

Les combustibles fossiles les plus connus sont le charbon minéral, le pétrole et le gaz naturel Utilisés comme combustibles, ces éléments produisent environ vingt-un milliard de tonnes de dioxyde, la moitié de cette production atteignant l'atmosphère. Ces chiffres montrent le risque écologique et environnemental que nous prenons lorsqu'ils les utilisent parce que cela aggrave la question de l'environnement et nous laisse à la merci du réchauffement croissant.

En ce qui concerne les engrais, nous avons deux types utilisés : organique et inorganique. L'organique est fabriqué à partir de produits naturels tels que le castor, l'humus, les algues et le fumier et contribue à l'accroissement de la biodiversité du sol et à sa productivité. Déjà inorganique est fabriqué à partir de produits chimiques et parmi ses composants sont l'azote, le soufre, le magnésium et le potassium. Comme il a un gain de productivité plus important, il est utilisé généralement. Toutefois, les principales conséquences ont une incidence sur la qualité du sol, la pollution de l'eau et la pollution de l'air. En preuve, l'avidité de l'homme pour produire plus, gagner plus d'argent, même sans qualité, mettant la vie de chacun en danger.

La question de la déforestation est encore plus compliquée au Brésil et dans le monde. Drivé par l'explosion démographique et l'urbanisation, il est de plus en plus courant de convertir les terres de forêts fermées en terres pour les pâturages et l'agriculture, en plus de l'exploitation forestière pour la construction de meubles et d'usage général, de l'accaparement des terres et de l'appui aux infrastructures telles que la construction civile. La relation avec le problème de l'aggravation du réchauffement climatique est le fait que lorsqu'une forêt est coupée et brûlée, le carbone est libéré, ce qui contribue à l'effet de serre. Comme ce fait est inévitable et devient plus constant, le problème tend à s'aggraver. Ces facteurs ont déjà été largement débattus par les chercheurs et les chercheurs en général. Certains soulignent le développement durable pour mettre un terme à ce processus. À mon avis, c'est une bonne alternative, et c'est possible, mais en contradiction, il y a une croissance industrielle, démographique et commerciale exacerbée qui nous fait vivre le dilemme de l'homme civilisé en opposition au développement.

Un autre problème majeur est le gaspillage de nourriture qui a déjà atteint un impressionnant 1,3 milliard de tonnes selon la FAO. Ce montant génère 3,3 milliards de tonnes de gaz qui affectent l'effet de serre en plus d'une dépense d'eau équivalente au flux annuel de la Volga en Russie. Compte tenu de ce scénario, ce qui peut être fait comme mesures correctives sont les suivantes : la priorité à la réduction de la consommation alimentaire, l'équilibre entre la législation de l'offre et la demande ; la réutilisation des aliments d'une manière qui n'est pas gaspillée et l'accent mis sur le recyclage.

Cela dit, nous constatons qu'il y a beaucoup de graves problèmes qui font encore l'effet de serre un problème à surmonter. Toutefois, il y a une voie à suivre. Chacun doit faire sa part et exiger un homologue des gouvernements. Comment faire votre part ? L'utilisation de matières renouvelables, l'économisation de l'eau, l'énergie, non pas gaspillage de nourriture, le recyclage des déchets, l'achat de produits auprès d'entreprises ayant un sceau de qualité dans la gestion de l'environnement montrent un engagement envers la cause environnementale en mettant l'accent sur le développement durable. Nous ferons de notre planète un endroit plus agréable à vivre et que cela durera pour beaucoup de générations. C'est ce que l'Éternel attend des êtres humains.

Trafic d'animaux et de plantes.

Il y a une demande croissante de trafic d'animaux sauvages et de plantes, une activité qui met en péril la biodiversité de nos forêts. Les motivations sont nombreuses, allant de l'utilisation d'une partie d'animaux et de plantes dans les produits commerciaux à l'utilisation d'animaux comme animaux de compagnie, et d'utilisation pour les collecteurs et les zoos. C'est un marché sur lequel on estime déplacer environ 20 milliards de dollars.

Une fois de plus, toute la question concerne l'argent et l'homme avec sa cupidité exacerbée ne se soucie pas de frauder et de causer des souffrances dans ces petits êtres. Face à un gouvernement souvent dénué de faiblesse, nous, citoyens, devons dénoncer un comportement suspect et ne pas condamner cette agression à notre patrimoine naturel. Nous contribuerons à un pays plus équitable et plus digne. Sauvez la nature.

Mouvement sans terre, sans nourriture, sans sans-abri, etc.

Ces groupes de personnes cherchent par l'intermédiaire d'une association pour rejoindre la lutte en revendiquant leurs droits. Cette attitude est louable, car chacun devrait avoir des chances égales pour le développement. Il est écrit dans la Constitution brésilienne dans son sixième article : Éducation, santé, alimentation, travail, logement, loisirs, sécurité, sécurité sociale officielle, protection de la maternité, enfance et assistance aux démunis sont des droits sociaux.

Ce qui ne peut être admis, c'est que ces groupes nuisent à la vie des autres lors de protestations parce que notre droit finit quand les autres commencent. Si vous voulez protester, vous devez faire tout de suite si pacifiquement pour qu'il ne porte aucun préjudice à personne. Porter des chaussures de l'autre est bénéfique et agréable à Dieu.

Capitalisme

Le capitalisme est un système économique prédominant dans la région occidentale du monde où les processus de production sont essentiellement concentrés entre les mains du secteur privé. Ses autres caractéristiques sont le travail salarial, la création de produits pour le profit et les prix compétitifs. Bien qu'il encourage la croissance économique, le capitalisme génère la concentration du revenu et, par conséquent, la stratification sociale et la misère.

En tant que conseiller de mon père, je constate juste qu'il faut une plus grande appréciation du travailleur avec une extension de ses droits et un plus grand respect pour les employeurs. Le processus de production est une rue à trois sens où les matières premières, les travailleurs et les capitaux financiers doivent toujours aller ensemble. Quand le succès est atteint, il appartient à tous. En outre, il n'y a aucune raison pour que l'Éternel interfère dans les systèmes de production humaine en raison de la question du libre arbitre.

Chirurgies plastiques dues à la vanité

Certains cherchent juste à obtenir plus jolie faire une opération plastique incessante. Cependant, à maintes reprises, son intérieur reste moche et sale. Mes frères réalisent que l'extérieur n'est pas pertinent, que vous vieillirez et que votre beauté passera. Essayez de prendre soin de votre âme en premier lieu, que ce soit en travaillant, en aidant les autres dans les actes et les paroles. Ce sont ses œuvres qui définiront son futur éternel et s'il est bon, vous réaliserez le véritable bonheur.

Il n'est pas interdit de prendre soin de votre corps ou d'effectuer des procédures chirurgicales en raison de votre santé et du bien-être, mais de faire une chirurgie juste pour la vanité est une grande perte de temps. C'est pourquoi, frères de jugement.

Avortement

L'avortement est l'élimination volontaire d'un fœtus d'un utérus humain et, selon la législation brésilienne, il est classé comme un crime contre la vie avec une prévision de détention allant de 1 à 10 ans selon le cas. Un sujet très controversé et controversé, il a été constamment débattu dans les plus hautes instances des tribunaux. En vertu de la loi, elle est disqualifiée comme crime dans trois situations : quand il y a un risque de vie pour la femme enceinte, lorsque la grossesse se produit en raison d'un viol.

Selon l'Éternel, la vie est sacrée, quelle que soit la situation. Donc, si le bébé et la mère peuvent survivre ensemble, il doit être accepté par celui qui l'a généré. Dieu désapprouve la conduite de l'avortement en général et des personnes qui ont des bébés et simplement l'éliminer. S'ils étaient assez responsables pour avoir une relation sexuelle, ils doivent aussi être responsables de l'être généré, qui est une personne innocente qui a besoin de protection et d'amour.

Au contraire de l'histoire, la pratique des contraceptifs et des préservatifs qui protègent les partenaires dans une relation ne peut être considérée comme un péché comme l'insistent certaines Églises. La famille et leur éducation sont la responsabilité du couple, et seulement ils sont chargés de découvrir combien d'enfants ils peuvent élever. Ils contribuent ainsi à éviter une surpopulation qui constituerait un facteur majeur dans une crise majeure sur Terre. Quant au préservatif, outre le facteur, la naissance, elle est un allié important dans la prévention des maladies sexuellement transmissibles.

Pédophilie

C'est un trouble de préférence sexuel pour les enfants (mâle ou femelle) ou au début de la puberté. C'est une attitude très désapprouvée de mon père, car ils doivent être respectés et préservés dans leur innocence.

Les pédophiles sont des malades qui devraient chercher un traitement. Il est inutile de vouloir juger ou les condamner, mais de chercher de l'aide dans leur processus de guérison. Bien que difficile, la récupération est entièrement possible. J'ai choisi un pédophile pour être mon apôtre dans le cinquième livre de la série « Le Voyant » intitulée « Je suis ». L'objectif était de montrer que chacun mérite une seconde chance et ne devrait pas être préjugé surtout dans le cas de la pédophilie parce qu'il s'agit d'une maladie.

Sexe avec des animaux

C'est un trouble sexuel défini par l'attraction ou l'implication sexuelle des humains avec des animaux d'une autre espèce. C'est aussi une attitude largement désapprouvée par mon père.

L'homme a été fait pour se rapporter affectueusement à une autre paire de la même espèce et n'a pas besoin de chercher un animal pour se satisfaire. Il s'agit d'une faute grave, classée comme maladie et, en tant que telle, nécessite un traitement. Comme le pédophile, il a la possibilité de se remettre et pour cela, il a besoin de tout le soutien de sa famille et de ses amis.

Inceste

Il s'agit de pratique sexuelle avec des membres de la famille ou des proches parents. C'est une autre pratique sexuelle prohibitive pour mon père. Les relations familiales ne doivent être que de compagnie et d'appui mutuel sans impliquer la sexualité.

L'homme ou la femme devraient chercher un partenaire hors de leur contexte familial, car le sang ne peut pas mélanger avec leur sang. C'est une loi éternelle qui doit être suivie et qui fait également partie de l'éthique.

Prostitution

Frères, votre corps est un temple de l'Esprit Saint ; donc, nous devons veiller à le garder pur et pur. Quiconque se prostitue perd le respect de la société et de lui-même. Ainsi, il devient n'importe qui.

Nous devons nous apprécier en faisant le bien Ne jamais accepter la perversion pour l'argent, comme c'est un blasphème contre l'Éternel. Ton âme est la chose la plus importante que tu dois préserver.

L'exemple de Jésus de ne pas condamner Marie montre que le passé n'importe plus. Il est possible de changer et de repentir de vos péchés. Si vous êtes en prostitution, changez d'attitude et deviens fils de l'Éternel.

Adultériez

L'adultère a un partenaire, un conjoint et un rapport avec d'autres personnes. L'attitude désapprouvée par l'Éternel conduit l'être humain à une « nuit sombre de l'âme dangereuse et contradictoire ».

Il vaut mieux ne pas se marier ou s'engager que d'être en communion et de tromper en même temps. Cette catégorie d'attitude détruit la confiance qui est la plus importante que le couple peut avoir entre eux. C'est à ceux qui ont trahi de peser les possibilités et de décider ce qui affecterait son bonheur.

En plus d'un péché conjugal, c'est un péché contre Dieu et contre la famille. L'adultère n'a qu'à se repentir et à se fier à la miséricorde divine parce que sa situation est vraiment compliquée. Toutefois, le changement est toujours possible et chacun mérite des possibilités de réconciliation.

Orientations sexuelles

L'orientation sexuelle d'une personne peut varier entre l'hétérosexualité, la bisexualité, l'homosexualité, l'asexualité et la pansexualité. Cela est dû à des facteurs génétiques et il n'y a donc pas de possibilité de choix.

L'homme est ce qui est né et doit supposer et être respecté pour elle. Cela n'a pas d'importance à la sexualité de l'homme, mais son personnage. La conviction que l'Éternel abhorre l'homosexualité est infondée. Ce qui est écrit dans certains livres n'est pas sorti de l'Éternel parce que le connaissez parce qu'il est mon père. Tous les préjugés sont d'origine humaine seulement. Mon père cherche des serviteurs fidèles dans toutes les nations et n'a besoin qu'un engagement envers leurs causes. Donc, ayez plus de foi, frères et vivez votre sexualité d'une manière saine. Ne vous retenez pas parce que vous ne serez pas condamné pour cela.

Voici, il y aura un temps dans la terre future où les humains s'aimeront librement. Nous aurons des couples d'homosexuels, d'hétérosexuels, d'asexués, de bisexuels et de pansexuels vivant en harmonie. Ce jour-là, qui sera le jour de l'Éternel, la tolérance et l'amour surmonteront certainement les préjugés.

Recherche scientifique avec les humains et les animaux.

La recherche scientifique impliquant des êtres humains et des animaux doit suivre une éthique logique qui respecte les droits de la personne examinée. Relater les expériences avec les humains, il existe un ensemble de lignes directrices (directives éthiques internationales pour la recherche impliquant des êtres humains) à suivre et l'essentiel est le consentement du sujet ou le représentant légal qui autorise la recherche. Cela avec une explication détaillée des risques auxquels il court. Une fois ces mesures terminées, il n'y a rien à se poser sur le soutien de la libre volonté des deux.

Relate l'expérience avec les animaux, il faut essayer d'éviter leurs souffrances le plus possible et fournir des aliments et des installations adéquats, car leur utilisation dans les projets est souvent indispensable pour rechercher d'autres traitements et remèdes pour diverses maladies. L'homme est le centre de la création et l'utilisation des animaux pour l'aider ne se révèle pas contraire aux lois divines, puisque tout lui a été donné par son père.

L'utilisation de cellules souches, l'utilisation d'inséminations artificielles et la fertilisation in vitro.

L'utilisation de cellules souches est une méthode moderne de médecine pour traiter divers problèmes et maladies de l'homme. Cependant, son utilisation a fait l'objet de nombreuses controverses et de discussions par des religieux, des politiciens, des laïcs, bref, tous les secteurs de la société.

Ma position est celle-ci : quand la cellule souche est retirée du corps du patient et l'aidera à traiter sa santé en lui donnant soulagement et perspectives de survie, pourquoi ne pas l'utiliser ? Laissons les préjugés de côté et voyons que cette méthode a vraiment sa valeur dans le traitement du cancer, la maladie d'Alzheimer, la maladie du cœur, la maladie de Parkinson, le traumatisme de la moelle épinière, les brûlures, le diabète, l'arthrose rhumatoïde, entre autres. Ce que je ne suis pas d'accord, c'est la génération d'embryons à cet effet et le clonage. Là, l'être humain est déjà plongé dans le domaine de la création, ce qui représente un grand danger.

Relatif à l'insémination artificielle et à la fertilisation in vitro, son utilisation permet à plusieurs couples précédemment infertiles d'avoir des enfants. L'objectif est noble et même si les méthodes ne sont pas justifiées, nous pouvons dire qu'elles sont acceptables. Cet aspect est contraire au côté religieux, mais en tant que représentant de l'Éternel, je peux dire qu'il n'y a pas de condamnation pour cela.

Santé publique actuelle

Nous vivons dans une situation très compliquée en santé publique. Les ressources manquent et ce que nous avons est mal appliqué, ce qui entraîne des conséquences immédiates pour la population ayant un pouvoir d'achat plus faible. Il est courant que les médecins en général, les médicaments et les matériaux de base, la surpopulation des USI (unités de soins intensifs), la négligence des soins, la cause de nombreux morts.

Avec chaque nouvelle élection, les promesses d'amélioration viennent, mais traditionnellement, les problèmes restent et s'aggravent. Que faire ? En plus du pouvoir de choix au suffrage universel, nous pouvons exiger nos droits en tant que citoyen en travaillant dans des groupes communautaires qui supervisent le gouvernement et même aller au tribunal. Nous remplissons nos droits en payant divers impôts et taxes. Nous avons donc droit à une santé décente. Nous ferons du Brésil un pays meilleur, des dirigeants et des représentants de la société.

Enseignement public

C'est un autre domaine où le Brésil doit beaucoup améliorer de toutes les manières. Les principaux aspects de la réforme sont : une plus grande répartition des ressources par le gouvernement, une plus grande supervision de l'application de ces ressources, un programme de qualification des enseignants, une amélioration des salaires des professionnels, un matériel pédagogique plus adéquat et plus assorti, un matériel d'infrastructure de base, une sécurité, des investissements dans la science et la technologie, entre autres.

Si tout est satisfait à la lettre, nous aurons une éducation acceptable à bien. Avec le développement scientifique, technologique, économique et la création d'emplois qui en découlent, notre pays a toute possibilité de se distinguer dans le monde, car nous avons des matériels humains pour cela. Le Brésilien est la plus grande richesse de la nation.

Corruption

J'ai un message de mon père aux directeurs en général. Vous avez confié le contrôle, la coordination et l'efficacité des projets en vue du bien-être commun. Si vous vous rebellez et agissez pour votre propre bénéfice, vous tracez certainement un chemin qui finira par le manoir des morts. Là, il y aura des pleurs et des grincements de dents pour payer la dette pour le péché.

Rappelez-vous que vous ne prendrez rien de ce monde terrestre au monde spirituel, sauf vos propres œuvres. Par conséquent, faites un effort pour maintenir la transparence, la rectitude et l'honnêteté avec la chose publique, qui est votre obligation en tant que représentant du peuple. Faites une différence en transformant la vie des petits pour le meilleur grâce à vos actions et je vous bénirai et vous donnerai de nombreuses années de vie.

Sécurité

Le monde contemporain révèle un monde d'incertitude pour les citoyens dans presque tout le monde. La violence hante partout le bon citoyen et il me semble que les efforts publics dans ce domaine n'ont pas beaucoup d'effet. Les agressions physiques et verbales sont devenues si courantes que les victimes ne s'embêtent même pas à porter plainte. Que faire face à une réalité si catastrophique ?

Tout d'abord, il est nécessaire de reformuler le code pénal, très large, avec des sanctions plus strictes pour des situations qui sont nécessaires, ce qui empêche la pratique du crime. En outre, il est nécessaire de réinsérer le prisonnier dans la société quand il est possible par de sérieux politiques et programmes publics. La plupart du temps, les préjugés et le rejet règnent avec les prisonniers nouvellement libérés. D'autres mesures importantes sont la réduction des inégalités économiques et sociales, la valorisation des fonctionnaires liés à ce domaine et une meilleure clarification de la population par rapport à leurs propres mesures de prévention.

La paix et la tranquillité sont possible un jour si la société et le gouvernement font un effort conjoint. Nous punirons les coupables, leur donnerons une seconde chance en les réinsérant dans la société et, s'ils répètent, agissent fermement dans la loi, parce qu'il n'y a pas de place dans la communauté ou dans le royaume de Dieu pour ceux qui cherchent le but unique de faire du mal aux autres. L'Éternel, Dieu cherche les justes et les bons.

La grève

La grève est un droit garanti par la loi à toutes les catégories de travailleurs qui cherchent des conditions de travail plus équitables. En termes juridiques, qui garantit la performance du service en trente pour cent (essentiel), le travailleur a le droit de parler et de demander des améliorations.

Il s'agit d'un outil de négociation important entre les grévistes et les employeurs et réalise souvent d'importants progrès pour la fonction publique et la qualité de vie du serveur en général. Toute grève est donc valable et essentielle dans la lutte pour les droits.

Vivez le présent

Profitez de tous les moments importants de votre vie. Vivez le présent de telle sorte qu'il n'y ait pas d'avenir. Ce sont les rares moments de bonheur qui font de la vie la peine de vivre.

Ne vous inquiétez pas de votre passé ou de ce qui va venir. Essayez de faire du bien aujourd'hui pour que vous puissiez vous sentir accompli. Continuez toujours avec optimisme, persévérance et foi.

Le suicide

Essayer de détruire ta propre vie est un péché sérieux contre Dieu. Nous devons poursuivre notre mission, indépendamment des résultats et des conséquences, car il s'agit d'être un gagnant. Le remboursement n'est certainement pas la meilleure solution pour personne.

Les personnes qui cherchent à mettre fin à leur vie vivent souvent une profonde dépression qui doit être traitée Avec l'avis des professionnels et l'aide d'amis, il est possible d'inverser la situation et la personne reviendra à la vie normale.

Vivre sur terre est un don de Dieu et ne peut en aucun cas être gaspillé.

Dépression.

La dépression est un problème qui afflige de plus en plus de gens. Pris comme maladie moderne, elle fait perdre complètement le cœur, ce qui engendre souvent de graves conséquences Il est généralement déclenché pour une raison quelconque : une déception d'amour, une frustration professionnelle, une perte majeure, une trahison, entre autres.

Le traitement de la dépression va du suivi d'un psychologue à l'administration des médicaments selon le cas. Dans des cas plus doux, une bonne conversation va se faire. Si vous ressentez des symptômes de découragement persistant, n'hésitez pas à chercher l'aide d'un professionnel. Plus tôt sera le mieux. Prends soin de toi et sois heureux.

Trafic de drogues

Cette activité consiste en la commercialisation de substances considérées illégales par les gouvernements. En général, la traite est liée à la criminalité et à la subversion. On estime que ce commerce déplace des valeurs supérieures à celles des dépenses alimentaires.

Selon moi et celui de mon père, l'être humain n'a pas besoin de recourir à aucune catégorie de drogues pour se sentir heureux, plus courageux ou accompli. Le bonheur vient d'accomplissements personnels et ce n'est pas un effet physique. Par conséquent, il convient d'éviter les drogues et de mettre en place des moyens efficaces de répression sur leur commercialisation afin d'éviter leur consommation. Pour un monde sans drogues et violence, amen !

Traite des personnes

C'est le commerce des êtres humains recrutés principalement à des fins sexuelles, au travail forcé et à la récolte d'organes. En déplaçant des dizaines de milliards de dollars, chaque année, c'est l'une des activités criminelles les plus rapides.

Comme c'est une violation des droits de l'homme, elle est constamment condamnée par les conventions internationales et par mon père. Quiconque pratique ce crime est dans une situation complexe en termes spirituels et civils.

Ce qui doit être fait dans ces cas est un travail préventif et répressif qui rend difficile les criminels à agir. La prévention se réfère à la méfiance des propositions d'étrangers, surtout en ce qui concerne des emplois lucratifs à l'étranger et répressifs, en ce qui concerne le fait de ne pas avoir peur de signaler des cas suspects. En plus de sensibiliser les gens à ne pas chercher les services offerts par ces vandales. Si les gens ne sont pas intéressés, la demande de traite sera beaucoup plus faible

Ensemble, nous pouvons combattre ce mal de la société, qui est un affront à une société dite organisée. Chaque être humain est libre de faire ses choix et d'avoir du travail et de la dignité. C'est pourquoi je condamne la traite des êtres humains.

Formule magique pour le succès

Essayez de prendre soin de votre propre vie et ne voulez pas pour vous ce qui appartient à l'autre. Chacun n'a que ce qu'il mérite et attend patiemment, comme son tour viendra et ensuite il pourra profiter des fruits de son propre travail.

Il n'y a pas de formule magique pour le succès. Vous devez avoir votre focalisation, votre dévouement, votre bonne planification, vos compétences, la persévérance, la patience et la foi. Les obstacles qui se déroulent nous permettent de nous renforcer et de nous rendre aptes à de grandes victoires. L'Éternel veut le bien de tous et bénira ses efforts en temps voulu.

La mission

« Voici, je vous envoie comme mouton parmi les loups. Soyez prudents comme serpents et simples comme colombes. Fais attention aux hommes.

Ce message de Jésus adressé aux apôtres montre un conseil fondamental pour tous les chrétiens et qui s'étend à d'autres confessions : La grande majorité du monde est composée de méchanceté et de rébellion et, par conséquent, nous devons faire attention à nos actions et à nos paroles. Ce n'est pas la lâcheté et une mesure de précaution pour que nous puissions avoir une coexistence supportable et saine avec des groupes ayant des intérêts différents des nôtres.

Le respect et la tolérance sont également fondamentaux pour maintenir la paix et l'harmonie. Soyons comme Jésus, simple et humble dans le cœur et à travers les bons éléments, nous pourrons conquérir le monde avec notre exemple. Ce sera une grande réussite, car beaucoup de gens et de confessions préfèrent conquérir des objectifs par la force et cela ne fait qu'augmenter, insécurité et violence. Faisons-le différemment et soyons de véritables apôtres du fils corporel de Dieu.

Reconnais-toi un pécheur

Tous les êtres humains sont imparfaits, il n'y a même pas un parfait. Reconnaissons donc nos fautes, s'accrochons aux forces du ciel et mettons un nouvel homme. Transformé par la puissance de la lumière, nous pourrons gagner la bataille contre nos ténèbres.

N'ayez pas de fierté, de vanité, de colère, d'envie ou de sentiment d'autosuffisance, car nous sommes faibles et dépendants de la grâce du père. C'est précisément dans la faiblesse que la force et la preuve de mon amour infini et mes pères pour l'humanité sont produits. Considérant que, frères de foi, vous valez beaucoup !

Les dimensions spirituelles.

La plupart des gens ont encore des doutes sur la vie au-delà et sur les dimensions spirituelles. Ciel, enfer, ville d'hommes et purgatoire sont des soi-disant consciences d'âmes. C'est parce que ces plans ne sont pas des lieux physiques, mais des états spirituels.

C'est pourquoi, en chair ou en esprit, l'homme vit avec sa réalité selon son évolution. Les dimensions sont en nous. Considérant cela, faisons aujourd'hui notre chemin vers le chemin de la bonté et profitons du ciel ici sur terre.

Les handicapés

Les personnes handicapées sont des personnes très aimées par le père qui doit être traité avec amour et respect pour tous. Selon le problème qu'ils ont, ils sont pleinement capables de travailler, de sortir, de faire une promenade et d'avoir une vie normale.

Être handicapé n'est pas une honte pour personne. Ce qui est honteux, c'est la cruauté, la criminalité, le mensonge et la malchance en général. Il est important de noter que la plupart des lacunes sont génétiques et que mon père ne peut être tenu responsable de cela. Il est plus commun d'attribuer la nature à une plus grande justice.

Aux personnes handicapées, vivez votre vie avec paix et joie, soyez serviteur de Dieu et votre handicap ne vous laisse pas avec moins de mérite. Ils le rendent spécial. Ce sont vos attitudes et vos œuvres qui définiront votre destin.

La valeur de la culture

La culture brésilienne est diverse et composée de différents aspects qui étaient responsables de la formation de notre population : le noir, l'Indien et les blancs. Nous avons donc une immense richesse à partager avec le monde.

Valeur et encourager la culture dans son ensemble. Faites-vous ce loisir comme un cadeau pour vous-même : allez au cinéma, au théâtre, au cirque, un stade, lisez un livre dans la tranquillité de votre maison. Cela sera certainement d'une grande valeur pour votre vie, car l'acquisition de la sagesse est critique.

N'ayez pas peur

Tu es un enfant de Dieu et très aimé par le père. Rendez-vous heureux pour le don de la vie. Même si les défis et les problèmes sont énormes, affrontent-ils avec courage, persévérance et foi. Il est tout à fait possible de gagner. Ne cédez pas et n'ayez pas peur de prendre le risque.

Le père et la mère comme haches familiales.

Le père et la mère doivent être le principal de la maison dans les aspects financiers, émotionnels, spirituels et moraux. En retour, les enfants doivent être obéissants et aimants. C'est un échange mutuel entre eux qui se déroulera jusqu'à la fin de la vie.

En vieillesse, la protection et la prise en charge des enfants sont essentielles pour que les personnes âgées reposent en paix. C'est plus que parce que quand nous étions jeunes, nous nous sommes occupés par eux. Souviens-toi de ça et ne sois pas ingrate envers tes parents.

Raisonnabilité et proportionnalité

La raison et la proportionnalité doivent être prises en considération dans toutes vos activités sur le terrain. L'être humain sauve des efforts inutiles et maintient l'accent sur les essentiels.

L'efficacité, la justice, la bonne analyse, la patience et la fidélité sont également importants, car ces derniers construisent une personnalité convenable, guerrière et gagnante. Bonne chance à tous dans vos efforts.

Malgré l'égoïsme

Quoi que tu fasses, rends-le heureux de l'autre. Éviter l'égoïsme, l'une des grandes vertus que l'Éternel apprécie dans l'âme, la magnanime. C'est le sens de la vie : servir les autres et l'univers sans attendre d'un homologue.

Sans même le réaliser, vos projets et vos rêves se réaliseront parce que Dieu vous bénisse. Dans le royaume futur, vous aurez un endroit spécial avec mon père et moi et rien ne vous arrivera pendant votre séjour sur Terre. Nous devons changer le stéréotype de l'inhumanité et de l'indifférence qui se distingue en les gens en étant un apôtre parfait du Christ ressuscité. Cependant, pour le faire, vous devez être conscient de votre généreux rôle dans la vie de tous les gens autour de vous. Compte tenu de cela, n'hésitez pas. Toujours bien avec le détachement.

En victoire et en échec

Profitez de chaque moment de votre vie. Faites les brefs moments aussi importants que vous le pouvez parce que le temps en fuite. Personne ne prendra rien de ce pays, sauf ses œuvres et le bonheur qu'il a apprécié.

Souvenez-vous toujours : dans la victoire ou l'échec, restez forts et forts en esprit. Votre succès et votre bonheur dépendent de votre force. Ne discrédite jamais la puissance infinie et l'amour de ton père qui est au ciel Faites ce titre de « Fils de Dieu » se distinguer en plantant de bonnes graines et en propageant la joie et le confort partout où vous allez.

Sois la vraie lumière.

« Je marchais dans un endroit désert étouffé par des ombres intenses qui me poursuivaient. Comme j'ai fait une bonne action, ma lumière intérieure s'est renforcée et a graduellement chassé les ténèbres. Au bout du chemin, ils ont disparu complètement ».

Cette phrase élégante contient le sens d'être chrétien. Nous sommes des moutons parmi les loups qui veulent nous consommer. Pour les affronter, nous devons continuer avec nos bonnes actions de telle sorte que le mal ne nous affecte plus. Plus vous vous efforcez, plus vous récolterez les résultats selon la rétribution maximale.

Conclusion

Donc, nous arrivons à la fin du mot révélé. J'espère que ces quelques lignes écrites ici serviront de consolation, d'illumination et vous inspireront à devenir un être humain meilleur.

Tout appartient à mon père : mon âme, mon pouvoir, mon amour et mon don. Tout ce qui est ici vient de lui dans vos cœurs. Profitez de ce cadeau et apprenez à en savoir un peu plus sur cet être merveilleux qui ne vise que votre bien. Vous serez ravi et heureux. Un câlin pour tous et jusqu'au prochain livre.

Fin

www.ingramcontent.com/pod-product-compliance
Lightning Source LLC
LaVergne TN
LVHW020437080526
838202LV00055B/5233